HAÏTI,

CHANT LYRIQUE,

Par M. Chauvet.

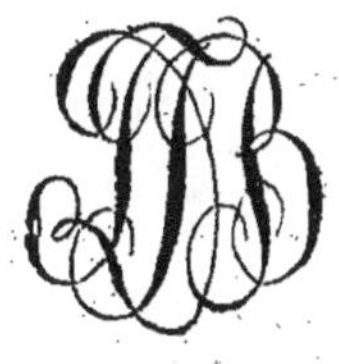

A PARIS,

CHEZ DELAFOREST, LIBRAIRE,
RUE DES FILLES-SAINT-THOMAS, N°. 7.
1825.

HAÏTI,

CHANT LYRIQUE,

Par M. Chauvet.

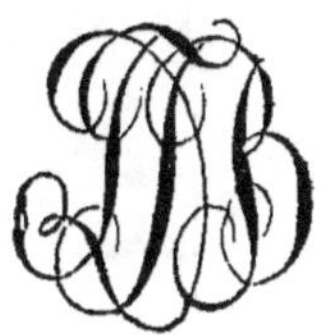

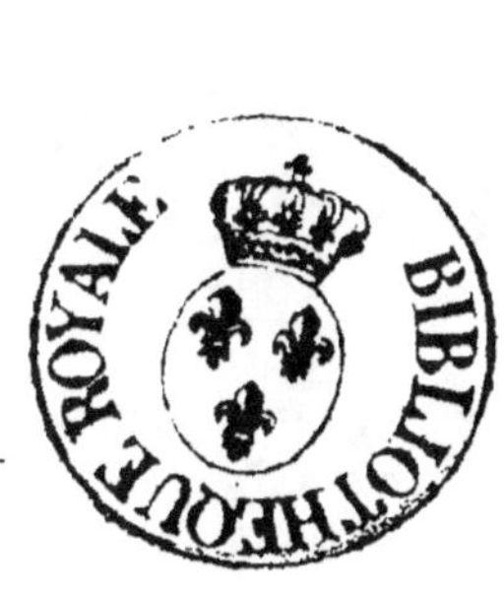

A PARIS,

CHEZ DELAFOREST, LIBRAIRE,
RUE DES FILLES-SAINT-THOMAS, Nº. 7.
1825.

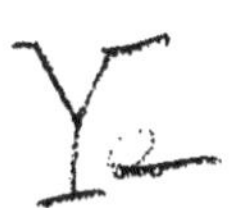

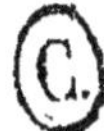

40333

IMPRIMERIE ANTHELME BOUCHER,
Rue des Bons-Enfans, n°. 34.

AVANT-PROPOS.

L'émancipation de St.-Domingue est un des plus grands événemens qui aient eu lieu sur la scène du monde.

Si, lorsqu'on envisage les obstacles qui entravaient cette grande transaction, on est pénétré d'admiration pour la sagesse qui l'a dictée, on ne peut, en considérant ses résultats, y méconnaître l'acte qui honore le plus notre siècle et qui promet le plus de bonheur à l'humanité.

Cet acte est comme le premier lien social entre deux races d'hommes dont l'une a trop long-temps opprimé l'autre.

Il admet la race noire à prendre place parmi les nations civilisées.

Il prépare l'adoucissement et par suite l'abolition graduelle et paisible de l'esclavage dans les colonies ; abolition qui, bien que contraire à quelques intérêts, ou plutôt à quelques préjugés actuels, ne doit pas moins être l'objet des vœux de tous les amis des hommes, de tous les véritables chrétiens.

Il facilite la civilisation future de l'Afrique, civilisation bien plus avancée qu'on ne le suppose généralement en France, et qui, pour prendre un essor rapide, n'a besoin que de deux auxiliaires, la propagation du christianisme, et l'introduction d'une écriture applicable aux langues vulgaires du pays, l'arabe étant aujourd'hui en Afrique la seule langue écrite, comme le latin l'était en Europe dans le moyen âge.

Enfin cet acte, premier traité commercial entre la France et l'Amérique méridionale, hâte le moment où l'Europe entière, en affranchissant cette partie du monde, ouvrira aux peuples des deux continens une source inépuisable de richesses ; où le système colonial, dernier débris du prétendu droit de conquête, fera place à un ordre de choses fondé sur le respect des véritables droits, sur l'industrie, sur l'échange et sur la bienveillance mutuelle des nations.

Malheur à ceux qui restent froids à l'approche de ces jours paisibles et prospères ! Malheur à ceux qui refusent de voir qu'au milieu des lumières qui brillent de toutes parts sur le monde civilisé, le pouvoir ne peut plus être exercé d'une manière efficace et durable que dans l'intérêt de l'humanité!

Pour moi, qui voudrais que la France devançât les autres nations dans toutes les entreprises qui ont ce grand intérêt pour objet, j'ai osé, non sans quelque crainte, élever ma faible voix pour exprimer ma gratitude et mes vœux.

La poésie ne devait point rester muette dans une circonstance aussi solennelle. Espérons que de plus dignes interprètes offriront bientôt au monarque les tributs de la reconnaissance de son peuple et de celle du genre humain.

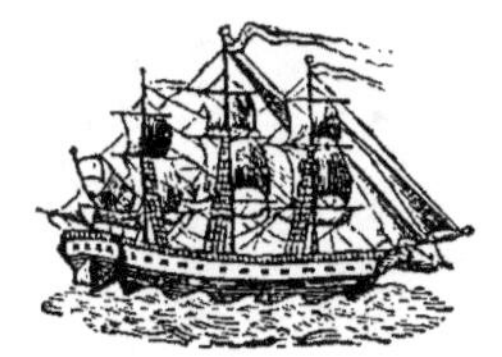

HAÏTI,
CHANT LYRIQUE.

Couvre d'or et de fleurs tes gothiques enceintes,
    Temple qui consacres nos rois.
    Voix du peuple, divine voix,
    Confirme les paroles saintes.
Accourez, prenez part à ces solennités,
Amis du genre humain, mortels pieux et sages,
Dont les vœux bienfaisans des climats, des langages,
    Ignorent les diversités.
Venez, d'une allégresse à nos transports égale,
    Bénir cette bouche royale
    Qui va jurer nos libertés.

Venez..... Sur l'Océan il ouvre enfin son aile,
Il fuit, il disparaît parmi les flots lointains,
    Le vaisseau rapide et fidèle
    Qui d'une nation nouvelle
Va, messager de Charle, affranchir les destins.
Fortunée Haïti, vers tes bords il s'avance ;
D'un belliqueux essaim le cortége le suit ;

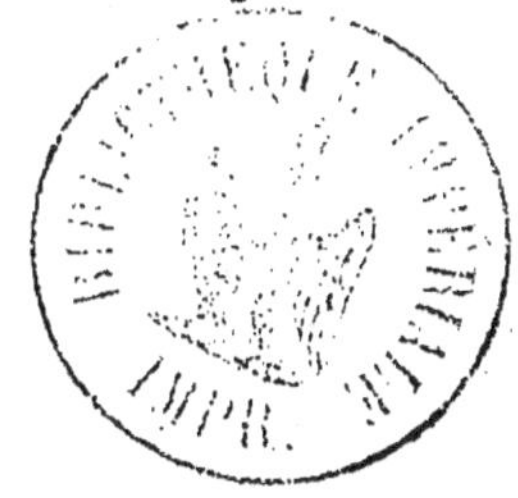

Mariant ta bannière au drapeau de la France,
Il tonne, il te salue, et ton peuple à ce bruit
    Répond par des cris d'espérance.
    Le bronze de tes bastions
Mêle sa voix tonnante aux acclamations;
L'acte libérateur descend sur ton rivage,
Et le Noir, pur enfin du sceau de l'esclavage,
    Siége au banquet des nations.

Oh ! pour l'humanité jours féconds, jours prospères !
L'Europe de l'Afrique a reconnu les droits.
C'en est fait, d'aujourd'hui tous les hommes sont frères :
Ainsi l'a proclamé Charles, l'aîné des rois.
Charle, auteur révéré de ce bienfait immense,
Et toi, noble Dauphin, conseiller de clémence,
Entendez-vous ces cris ? voyez-vous les transports
Que vos noms répétés excitent sur ces bords ?
Jamais l'hymne de joie et de reconnaissance
Plus douce ne monta vers le trône éternel.
Ému de ces accords, l'Océan fait silence ;
Le monde les répète, et les vœux de la France
    S'unissent au chant solennel.

    Puissent, ô reine des Antilles,
De tes nombreux enfans les croissantes familles
    Surpasser ta fécondité !
Puissent, éblouissant nos nations altières,
    Tes rapides lumières
Des humaines couleurs prouver l'égalité !

Et les courriers ailés de l'active industrie
        T'unir à ma patrie
D'une chaîne d'amour et de prospérité!

De l'Afrique, Haïtien, tu reçus la naissance ;
Mais tes lois, mais tes arts, tu les dois à la France ;
Qui des deux obtiendra ton filial amour ?
Ah ! crois-moi, des mortels instruire l'ignorance,
        C'est plus que leur donner le jour.

O jeux du sort ! L'enfant de l'Afrique sauvage,
Vendu pour succomber sous le fouet du colon,
Fonde l'indépendance au sol de l'esclavage,
Et le Morne, à sa voix, retentit du langage
        De Racine et de Fénélon !

Un jour, peut-être, un jour, à l'Afrique étonnée
Le fils qu'elle a proscrit apportera nos arts.
Un jour nous la verrons, de cités couronnée,
Réfléchir dans ses lacs nos joyeux étendards.
Enfans du Jaliba, vous dont ma voix plaintive *
A déploré les maux, quand, vers une autre rive
Emportés par les vents, au murmure des mers
Vous mêlez vos sanglots et le bruit de vos fers,

---

* *Jaliba*, ou plutôt *Djaliba*, nom que les nègres donnent au Niger.
Ce nom signifie grande eau ou grand fleuve.

On se souvient peut-être qu'un poëme de l'auteur, sur l'abolition
de la traite des noirs, a obtenu le prix de poésie décerné en 1823
par l'Académie française.

Réveillez-vous enfin ; que , du Nil au Zaïre,
L'industrie et les lois étendent leur empire ;
    Nos climats n'en sont point jaloux ;
Les peuples ont cessé de se porter ombrage ;
    Chacun d'eux , plus juste et plus sage ,
Place enfin son bonheur dans le bonheur de tous.

Dédaignant des combats la sanglante couronne,
    Dans leur douce rivalité ,
Ils n'implorent du ciel , ils n'implorent du trône
    Que la paix et la liberté.

La liberté ! non point cette aveugle furie
Qui frappe , qui proscrit jusqu'à ses défenseurs ;
Mais cette liberté, mère de l'industrie,
Dont l'austère science et les vertus sont sœurs.

O toi qu'on méconnaît alors qu'on te blasphême,
    Sage et puissante Liberté ,
    Es-tu la justice suprême?
    Es-tu la suprême bonté ?
Ou n'es-tu pas plutôt l'esprit divin lui-même?

Aux bords où tu n'es plus , les stériles rochers
    Remplacent les glèbes fécondes ;
En marécage impur le fleuve épand ses ondes;
Les ports ont oublié les clameurs des nochers ;
Guide d'un peuple épars sur un sol misérable,
    Le Fanatisme inexorable,
Pour prix de ses trésors , lui dresse des bûchers.

Où tu règnes, la terre épanche ses largesses
        Sous le ciel le plus rigoureux ;
Les flots obéissans transportent nos richesses ;
        L'or, sur la foi de tes promesses,
Coule au sein de l'État, comme un sang généreux.

Hélas ! pourquoi faut-il que ton réveil sublime
Soit souvent le signal du délire et du crime ?
        En croirai-je cette terreur
Qui t'impute les coups dont tu péris frappée ?
Es-tu cet insensé qui, d'erreur en erreur,
        Sur son sein tournant son épée,
Expire, déchiré par sa propre fureur ?

Non, non, ce n'est pas toi qui nourris, qui soulèves
        Les tempêtes du genre humain ;
        Ce n'est pas toi de qui la main
Transforme les marteaux et la charrue en glaives.
Si ton premier rayon de ses feux éclatans
        Nous éblouit et nous égare,
C'est qu'un pouvoir jaloux sur nos yeux trop long-temps
        Répandit une nuit barbare.
Oui, des fureurs d'un peuple ou stupide ou pervers,
Le despotisme seul doit compte à l'univers ;
C'est peu que d'opprimer, il corrompt ses victimes.
Les crimes de l'esclave échappé de ses fers,
        Du tyran sont encor les crimes.

Asile des vainqueurs ainsi que des proscrits,
Tardive, enfin tu viens, et tes mains bienfaisantes.

Couvrent d'un baume heureux nos blessures cuisantes :
Nous t'accusions, tu nous guéris.

O vous qui regrettez une France nouvelle,
Vous, qui vers l'île maternelle
Tournez encor des yeux en pleurs,
Oui, c'est la Liberté, c'est elle
Qui vient, après trente ans, soulager vos malheurs.
Colons, pour vous l'or brille en sa main protectrice :
C'est tout ce que pouvait sa pitié, sa justice.
En vain, pour hériter d'un climat dévorant,
L'Espagnol détruisit sa race infortunée;
La nature le donne aux fils de la Guinée,
Et l'esclave, à sa voix, succède au conquérant.

Eh quoi! vous murmurez!... Quelle fureur t'enivre,
O race au front blanc et vermeil !
Tu veux à l'Africain disputer son soleil,
Et tu prétends régner où tu ne peux pas vivre !

Oh ! n'adressez plus vos soupirs
Aux flots d'Artibonite, aux champs de Léogane.
Pour adoucir l'exil où le sort vous condamne,
La France offre à vos cœurs d'antiques souvenirs.
Chère aux malheureux comme aux braves,
La France sur son sein presse tous ses enfans;
Là vivra le colon, sûr d'accomplir ses ans
Et devenu plus libre en perdant ses esclaves.

Et moi , victime aussi de nos sanglans discords ,
Du malheur, en naissant , j'ai bu la coupe amère.
A travers l'incendie et les flots et les morts ,
J'ai quitté mon pays dans les bras de ma mère. *
          Entouré de pleurs au berceau,
J'ai pleuré , j'ai souffert : tel a fui mon jeune âge.
Chaque pas que je fis sur le lointain rivage ,
          Fut , hélas ! marqué d'un tombeau.
Quand la mort m'eut tout pris , aux terres étrangères
Une main secourable arracha mon destin ,
          Et je vins m'asseoir orphelin .
Sur les débris épars du séjour de mes pères.

          Mais, lorsque la main du malheur
Accablait ma jeunesse en ton nom opprimée ,
          O Liberté , dans ma douleur
          Je ne t'ai jamais blasphémée,
          Et mon cœur , épris de ta loi,
T'aime de tous les maux qu'il a soufferts pour toi.

Viens , je ne veux de toi ni grandeur ni richesse;
Répands sur les Français ta féconde sagesse :
Instruis-les, unis-les dans un commun transport ;
Toi seule tu le peux ; car c'est Dieu qui t'inspire,
Et le Temps , soit qu'il donne ou la vie ou la mort,
Semble n'être occupé qu'à fonder ton empire.

* L'auteur est Toulonnais.

Et toi, qui de la vérité

Invoquant le flambeau propice,

Essayas le pouvoir commis à ta justice

En brisant du censeur l'instrument détesté,

Toi, dont tous les cachots ont béni la couronne,

Charles, puisse long-temps, à l'ombre de ton trône,

Fleurir la douce Liberté !

Puissent tous les Français te proclamer leur père,

Et, lisant leurs destins au livre de leurs droits,

Soumettre librement, sous ton règne prospère,

Leur conscience à Dieu, leurs actions aux lois !

Que dis-je ? Ah ! c'est trop peu du bonheur de la France :

Sanglant, mais riche d'espérance,

A la débile Espagne un monde est échappé.

L'Espagne succombait sous cet empire immense,

Et le vain nom qui reste à son orgueil trompé,

Fatigue encor son impuissance.

Sur ces peuples naissans porte au loin tes regards :

Rebelles à nos fers, ils implorent nos arts.

Fils aîné de l'Europe, au nom du monde antique,

Donne au monde nouveau le salut fraternel,

Et, réconciliant les bords de l'Atlantique,

Entre tous les chrétiens scelle un pacte éternel.

Allié de la croix dans Athène arborée,

Signe d'héroïsme et de mort,

Que le lis triomphant vogue vers le Pirée,

Et qu'à ta voix bientôt saintement conjurée
    L'Europe, cédant au remord,
Arrache aux fils d'Omar une terre sacrée.

    Alors ton drapeau protecteur,
De l'immense Orénoque aux bords où fut le Xante,
Flottera populaire et pacificateur,
Et l'humaine famille, unie et florissante,
    De sa félicité croissante
    Te nommera le fondateur.

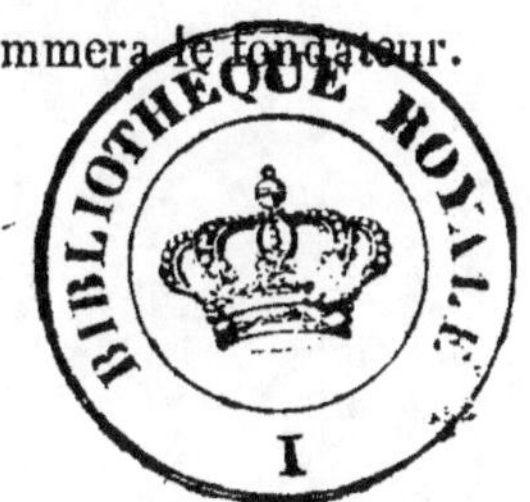

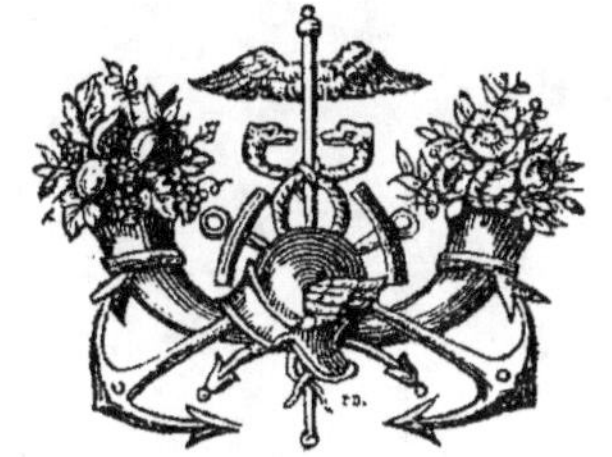

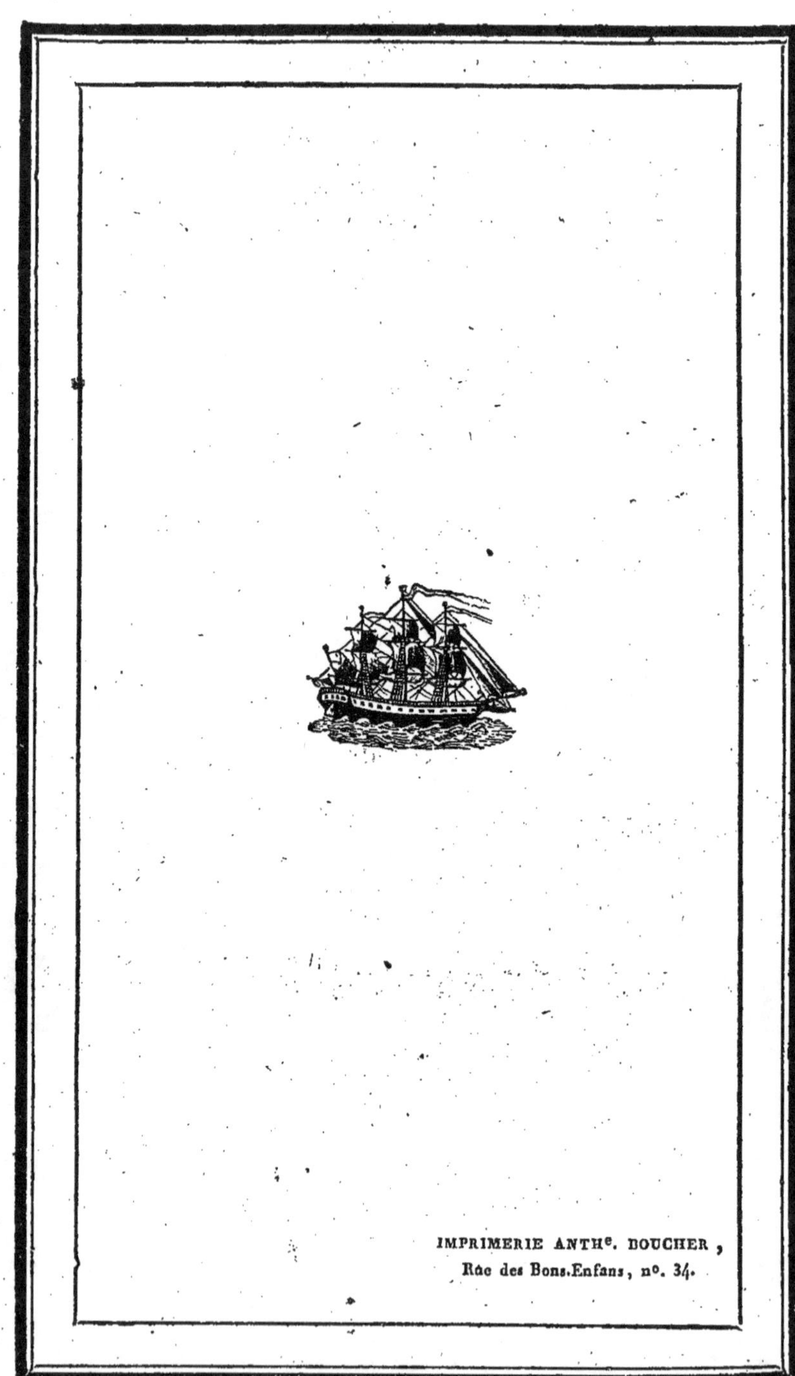

IMPRIMERIE ANTH^e. BOUCHER,
Rue des Bons-Enfans, n°. 34.